0

L'AGRESSIVITÉ

L'édition originale de cet ouvrage
a paru sous le titre: **Bullying**
Copyright © Aladdin Books Ltd, 1989
28, Percy Street, London W1P 9FF

Adaptation française de Louise Dupont, Marcel Fortin et Jeannie Henno
Copyright © Éditions Gamma, Tournai, 1991
D/1991/0195/65
ISBN 2-7130-1201-5
(édition originale: ISBN 07496 0056 X)

Exclusivité au Canada:
Les Éditions École Active,
2244, rue Rouen, Montréal H2K 1L6
Bibliothèque nationale du Québec
Bibliothèque nationale du Canada
ISBN 2-89069-225-6

Imprimé en Belgique

«Parlons-en...»

L'AGRESSIVITÉ

ANGELA GRUNSELL – JEANNIE HENNO
LOUISE DUPONT – MARCEL FORTIN

Éditions Gamma – Les Éditions École Active
Paris – Tournai – Montréal

Pourquoi parler de l'agressivité?

«Quand un autre élève me dit, sans raison:
«Je t'aurai à la sortie!», je suis mort de peur.
Je me demande ce qu'il va me faire. J'ai l'impression
d'être une souris menacée par un géant...»
As-tu déjà éprouvé les mêmes sentiments qu'Olivier, qui a
écrit cela? Il n'est pas facile de savoir ce qu'il faut faire
quand on est injurié, maltraité. Ou as-tu toi-même menacé
un camarade de l'attraper après la classe?
Il n'y a pas qu'à l'école qu'on peut être agressé. On peut
l'être aussi dans sa famille, dans un club sportif, au travail.
Ce livre t'expliquera ce qu'est l'agressivité et pourquoi
certains se livrent à des brimades. Il t'aidera à réfléchir
aux meilleurs moyens de te défendre.

> Tes camarades peuvent avoir de bonnes idées pour t'aider
> à faire cesser les brimades.

Qu'entend-on par agressivité?

Tu agresses quelqu'un, tu le brimes, quand tu fais exprès de le blesser, physiquement ou moralement, quand tu lui cherches dispute pour te prouver que tu es plus fort, plus beau, plus intelligent.

Les agresseurs, qu'ils soient grands ou petits, jeunes ou vieux, font toujours en sorte d'abaisser leur victime. Ils prétendent parfois qu'ils ne voulaient pas faire de mal, mais seulement plaisanter. Si leur victime se sent bouleversée, ce n'est pas d'une plaisanterie qu'il s'agit, mais bien d'une agression.

Ils peuvent aussi s'en prendre à ce qui t'appartient ou te forcer à faire certaines choses, comme voler ou mentir. Qu'est-ce qu'ils en retirent? Souvent, de l'argent, mais aussi et surtout, une impression de pouvoir, d'autorité.

6

Si l'on se moque de toi en te traitant de poltron, tu peux être entraîné à faire des choses dangereuses.

Y A-T-IL MOYEN DE FAIRE CESSER LES BRIMADES?

Essaie d'analyser tes propres sentiments; cela t'aidera à

juger s'il vaut mieux céder le terrain

parler à d'autres de ce qui se passe

et à bien t'entendre avec les autres

admettre que tout le monde n'est pas obligé de t'aimer

paraître confiant même lorsque tu as peur

comprendre ce que d'autres peuvent éprouver

ne pas craindre de dire aux autres ce que tu ressens

cesser de faire des choses que tu ne veux pas faire

juger quand et comment tu peux te défendre et défendre les autres

Comment s'y prennent-ils pour obtenir ce qu'ils veulent?

Pour obtenir ce qu'ils veulent, les agresseurs font peur à leurs victimes. Par exemple en menaçant d'employer la violence: «Je vais te donner une raclée dont tu te souviendras!» ou «Mon frère est ceinture noire. Attends un peu, et tu verras!» Mais ils peuvent aussi faire pression d'une façon plus détournée en disant par exemple: «Je ne te parlerai plus – ou je ne serai pas ton ami – si tu ne fais pas cela!». Nous avons tous besoin d'amitié et d'amour. Si tu aimes ce camarade, si tu veux qu'il soit ton ami, une telle menace peut te sembler épouvantable.

Celui qui force ainsi quelqu'un à faire quelque chose ne peut jamais être certain que la personne intimidée est dans son camp. Et la victime ne pourra jamais considérer celui qui la maltraite comme quelqu'un digne de respect.

Si tu as du respect pour toi-même et pour les autres, tu ne feras jamais subir de brimades à quelqu'un.

9

Que peuvent bien ressentir ces personnes agressives?

Au fond de lui, celui qui impose sa volonté par la force ou l'intimidation ne doit pas se sentir très heureux. Il se doute bien que ses victimes le craignent et ne l'aiment pas. En fait, ces personnes agressives ont une mauvaise opinion d'elles-mêmes. La plupart ont été elles-mêmes brimées. Elles pensent qu'elles doivent obligatoirement imposer leur volonté par la force. Elles ne savent peut-être pas comment agir autrement.

En réalité, si tout le monde a peur de toi, c'est toi seul qui es le véritable perdant, car personne ne te dira ce qu'il pense vraiment.

> Ce n'est pas étonnant que les brimades soient si nombreuses. Pense à toute cette violence – réelle ou inventée – que l'on peut voir à la télévision!

Pourquoi y a-t-il des enfants qui maltraitent leurs camarades et d'autres qui sont toujours des victimes?

Dès son plus jeune âge, l'enfant observe le comportement des autres et il le copie parfois sans s'en rendre compte. Il est aussi très influencé par la façon dont ses parents, ses grands frères et ses sœurs le traitent. Pour obtenir ce qu'ils veulent, certains adultes peuvent menacer, frapper quelqu'un ou le tourner en ridicule aux yeux des autres. Les adultes n'expliquent pas toujours très bien aux enfants pourquoi ce qu'ils font n'est pas bien. Souvent aussi, ils ont l'habitude de faire certaines choses à la place de l'enfant au lieu de lui apprendre à réfléchir et à agir par lui-même, pour ce qui le concerne.

Des enfants ont parfois tellement peur de la colère de certains adultes qu'ils essaient de plaire à tout le monde en même temps, ce qui est difficile. Si tu essaies toujours de plaire aux autres au lieu de dire ce que tu penses et veux vraiment, tu risques fort d'être un jour la victime de brimades.

12

Les petits enfants aiment se déguiser en grandes personnes et imiter ceux qui les entourent.

Je suis parfois la victime de brimades. Est-ce ma faute?
Qu'est-ce que je fais de travers?

Tel camarade sera très gentil avec toi si tu es seul avec lui, mais dès qu'il retrouve son groupe, il devient méchant. Tu ne comprends pas ce changement d'attitude.

Tu te demandes si tu as fait quelque chose qu'il ne fallait pas faire, ou dit quelque chose qu'il ne fallait pas dire. Mais sans doute n'est-ce pas ta faute. Les membres d'un groupe peuvent fort bien te tourmenter ainsi sans raison, uniquement parce que cela leur donne l'impression d'être plus forts ou meilleurs que toi.

Pour t'abaisser, te faire sentir que tu ne fais pas partie du groupe, ils peuvent se moquer de toi en te disant que tu es trop maigre ou trop gros, trop riche ou trop pauvre, trop malin ou trop stupide. Peu importe la raison. Le seul véritable problème, c'est que tu souffres de cette agression que tu ne mérites pas.

Nous sommes tous différents, et c'est très bien ainsi.

Si tu subis une brimade, il vaut mieux ne pas essayer de rendre la pareille. Quelqu'un peut sans doute t'aider.

Pourquoi les bandes agissent-elles ainsi?

Tu fais peut-être partie d'une bande et tu trouves cela très bien. Tu te sens plus fort et meilleur. Les autres membres de la bande aussi. Mais attention! Tu voudras ou tu devras peut-être prouver que tu fais vraiment partie de la bande, et tu ne réfléchiras peut-être pas assez à ce que tu fais alors. Tu peux être entraîné par surexcitation. Mais après, tu seras peut-être honteux si tu t'es laissé aller à faire des choses que tu ne voulais pas faire, comme blesser quelqu'un, par exemple.

Mais tu peux avoir une bonne influence sur les membres de ton groupe et empêcher ainsi certaines vilaines choses.

> Les membres d'un groupe peuvent réaliser quelque chose ensemble. Ils peuvent mettre leurs forces ou leurs talents au service des autres en s'efforçant de rendre plus agréable la vie de chacun. Ils peuvent inclure des isolés dans le groupe.

Pourquoi certains garçons agressent-ils d'autres garçons?

Tous les jeunes ont peur d'être agressés. L'agressivité est courante à l'école, dans la rue, dans les clubs sportifs. Les garçons pensent parfois qu'un homme, un «vrai», doit obtenir ce qu'il veut par la violence physique et que personne ne respecte les poltrons, les mous. Des patrons maltraitent leurs ouvriers, des maris malmènent leur femme ou leurs enfants, et certains professeurs masculins peuvent aussi agresser leurs élèves. C'est une erreur de croire que les hommes doivent toujours faire preuve de courage comme Superman et éviter de manifester leurs sentiments. Les garçons doivent pouvoir avouer leurs faiblesses comme ils montrent leur force.

Les adultes disent parfois: «Un garçon ne pleure pas!»
Or, les garçons, eux aussi, ont parfois besoin de pleurer.
Il est bon d'admettre ses véritables sentiments
et de trouver le courage de les dire à d'autres.

Une fille agressive peut être tout aussi menaçante qu'un garçon. Mais il te sera peut-être moins facile de convaincre un adulte que tu es maltraité par une fille, surtout si tu es un garçon.

Les filles peuvent-elles être agressives?

Quand ils sont à plusieurs, les hommes agressent parfois les femmes en les gênant par des remarques choquantes. Certains essaient de ridiculiser les femmes intelligentes. Il n'est pas étonnant que les garçons adoptent une même attitude à l'école. Ils exigent plus d'espace sur le terrain de jeux, font plus de bruit et se conduisent comme s'ils étaient des rois à qui tout est dû. Ce n'est pas juste.

Mais cela ne signifie pas qu'il n'y a pas de filles agressives. Certaines maltraitent d'autres filles et même des garçons plus petits. Comme des garçons, elles peuvent faire valoir leur force. Mais, le plus souvent, elles agressent d'une manière moins brutale, en tenant leur camarade à l'écart de leurs jeux, par exemple, ou en lui faisant des remarques personnelles blessantes, ou encore en répandant des bruits sur son compte.

Et l'agressivité raciste?

De nombreux enfants souffrent d'agressions racistes dans les écoles. Les noirs, les arabes, les asiatiques, les juifs peuvent aussi être provoqués en rue ou être victimes de discrimination raciale, en matière de logement notamment. Il arrive qu'un propriétaire refuse de leur louer un appartement.

Les enfants copient l'attitude des adultes. Il y a des gens qui n'acceptent pas et ne respectent pas les différences qu'il peut y avoir entre les individus et qui refusent de voir leurs points communs. Ils se croient supérieurs et veulent le prouver en abaissant les autres.

Si tu es victime d'agressions racistes dans ton école, tu dois le dire à tes parents et à ton professeur. De nombreuses personnes, de toutes les races, se sont groupées pour lutter contre le racisme. Beaucoup d'écoles sont maintenant prêtes à affronter le racisme, cette forme particulière d'agressivité.

22

Si tu ne parviens pas à te faire aider à l'école pour y combattre les agressions racistes, demande l'aide d'une personne extérieure à l'école.

Que pouvons-nous faire contre la violence dans notre école?

Dans certaines écoles, la violence est un réel problème; dans d'autres non. Tout dépend de la manière dont professeurs, parents et élèves abordent le problème.
Les élèves ont souvent d'excellentes idées sur la façon de remédier à la situation parce qu'ils savent exactement ce qui se passe, quand et où ont lieu les incidents.
Dès qu'on commence à travailler ensemble, les choses changent. C'est pourquoi il est toujours très important de faire savoir à d'autres que tu es maltraité ou qu'un camarade l'est. Les enseignants ne peuvent pas le savoir si tu ne le leur dis pas. Peut-être as-tu peur de la réaction de tes parents quand ils apprendront que tu es la victime de telles agressions. Tu te demandes aussi ce qui se passera s'ils vont en parler aux professeurs. Généralement, ceux-ci sont contents d'être mis au courant. Mais surtout, il faut en parler pour empêcher les agresseurs de continuer.

Pour bien se connaître les uns les autres, il faut se montrer tel qu'on est réellement.
Chacun peut ainsi apprendre beaucoup de choses.

Si certains sont agressifs dans ta classe, tu pourrais, avec tes camarades, aller en parler à ton professeur. Si tu n'es pas toi-même la victime de telles brimades, d'autres le sont. Parfois, ces agressions ont lieu dans les toilettes, en récréation ou à l'extérieur de l'école. Le directeur et les enseignants sont-ils au courant?

Si les professeurs apprennent que ces incidents sont nombreux, ils créeront peut-être, avec ton aide et celle de tes camarades, une sorte de police pour la classe ou pour toute l'école.

Des jeux et des activités en commun permettent de mieux se connaître. Si chacun se met à parler de la vie à l'école, il te sera plus facile de dire ce qui te perturbe. Les élèves agressifs pourront se rendre compte de ce qu'ils font subir aux autres, et cela leur ôtera peut-être l'envie de continuer à agir ainsi.

L'agressivité est courante aussi dans le monde des adultes. Les droits de l'homme – en ce qui concerne le travail ou le logement, par exemple – ne sont pas toujours respectés par des groupes puissants, de grandes compagnies ou même des gouvernements. Quand des personnes s'unissent, tout d'abord pour discuter, puis pour réagir, elles peuvent changer la situation. Seules, en tant qu'individus, elles n'auraient pas eu la moindre chance de succès.

À Minamata Bay, au Japon, les habitants d'un petit village de pêcheurs se sont unis pour obliger une usine à cesser de polluer l'eau en y déversant du mercure. Bien que puissante, la Compagnie propriétaire de l'usine a dû céder.

Dois-je dénoncer les agresseurs?

Ceux qui font preuve d'agressivité ne craignent pas d'être dénoncés: leurs victimes sont généralement bien trop effrayées! Des criminels rançonnent des bars, des restaurants, c'est-à-dire qu'ils se font remettre de fortes sommes d'argent en échange de leur «protection».
Si l'on refuse, ils détruisent le local en question.
Il y a malheureusement des adultes qui maltraitent des enfants ou abusent d'eux alors qu'ils devraient leur assurer soins et protection.
Si tu te laisses rançonner une fois, le racketteur recommencera. Expliquer ce qui se passe à quelqu'un en qui tu as confiance est le meilleur moyen d'arriver à faire cesser ce chantage.

Certains adultes aggravent parfois la situation, mais, en général, ils t'écouteront et t'aideront efficacement.

Qu'est-ce que je peux faire?

Il est difficile de savoir ce qu'il faut faire si quelqu'un te menace ou te cherche constamment dispute. Mais tu sais maintenant que céder à la menace ou essayer de rendre la pareille ne sont pas les seules solutions. Explique à d'autres ce que tu ressens, surtout quand tu es effrayé ou bouleversé. Ce premier pas très important compliquera la tâche des agresseurs. Réunis quelques amis et, ensemble, expliquez la situation à des adultes capables de vous aider à faire cesser les brimades.

Si tu es «bien dans ta peau», les autres se rendront compte qu'ils ne parviendront pas facilement à «t'avoir». Si tu t'aimes toi-même, tu ne sentiras pas le besoin de maltraiter d'autres personnes. Tu sais que tu peux te débrouiller seul, mais que tu peux aussi demander de l'aide en cas de besoin.

Si quelqu'un te maltraite, réfléchis bien avant de choisir la personne à qui tu te confieras. Tu peux éventuellement faire appel au psychologue de ton école, à une assistante sociale, à la police ou encore à un juge des enfants.

Des centres d'assistance juridique peuvent aussi t'aider à défendre tes droits.

Quand tu seras plus grand, tu pourras faire partie d'un groupe de pression pour travailler avec d'autres à rendre le monde meilleur.

Glossaire

Agresser: Attaquer quelqu'un, le blesser par des actes
ou par des paroles, sans avoir été provoqué.

Brimade: Mesure vexatoire et inutile, provenant de quelqu'un qui
veut faire sentir son pouvoir, son autorité.

Chantage: Procédé utilisé pour obtenir ce qu'on veut,
surtout de l'argent, par des menaces.

Discrimination: Il y a discrimination quand quelqu'un est traité
différemment pour diverses raisons: couleur de peau, religion, etc.

Droits de l'homme: Pour pouvoir mener une vie décente, chaque être
humain a droit à la nourriture, à un logement, aux soins de santé,
à l'éducation, à l'amour et à la considération d'autrui, au travail...

Insulter: Offenser par des paroles blessantes ou des actes méprisants,
injurieux.

Racisme: Quand certains groupes d'hommes croient qu'ils sont
supérieurs, ils peuvent parfois mépriser les autres.
On peut dire alors qu'ils sont racistes.

Racket: Les gangsters se livrent au racket quand ils réclament et
obtiennent de l'argent par la menace, l'intimidation, la violence.

Index

Origine des photographies:
Première page de couverture et pages 4, 7, 8, 10, 13, 15, 16, 19, 20, 23, 25 et 28: Marie-Helene Bradley;
page 27: Eugene Smith/Magnum Photographers.